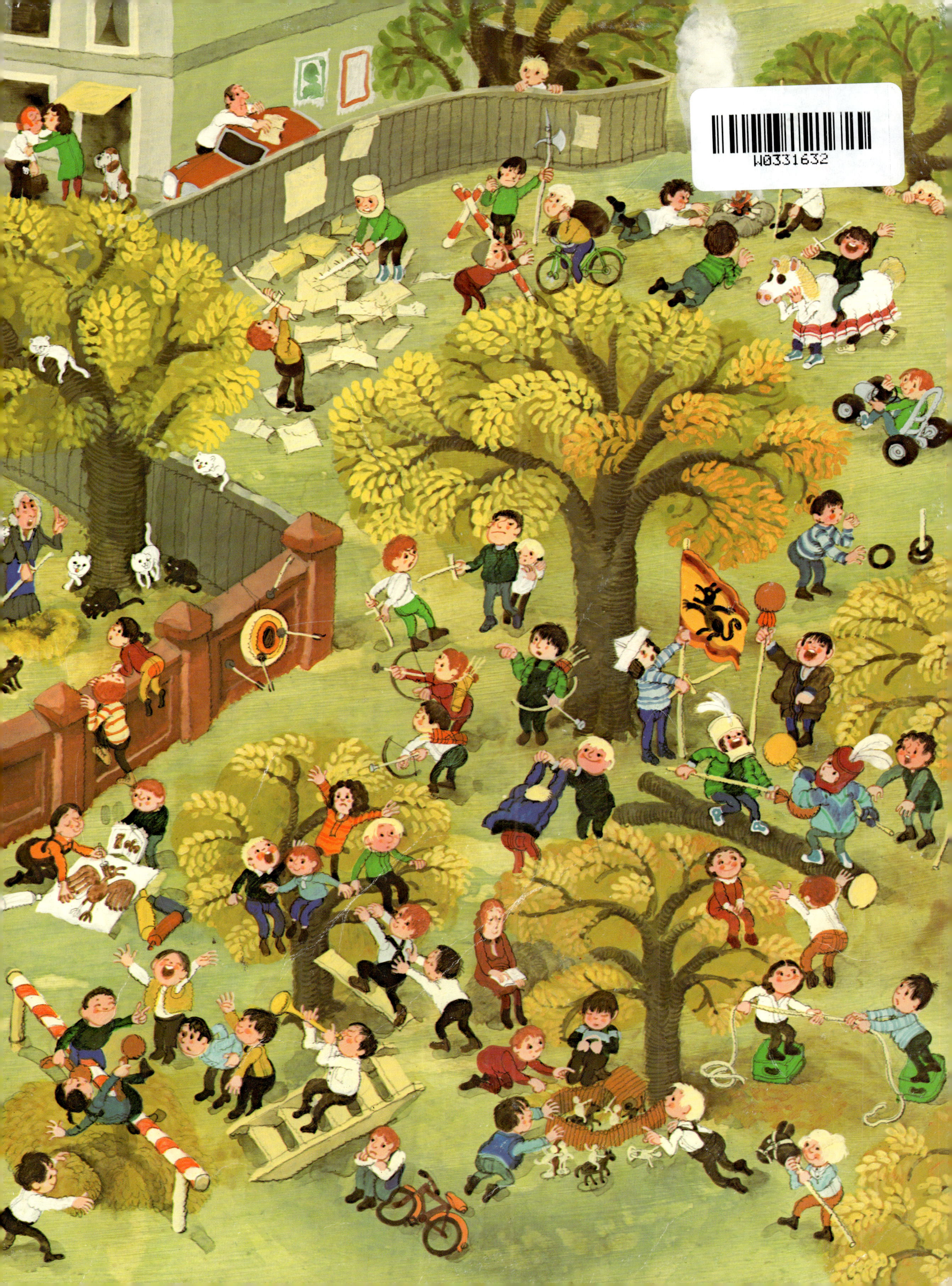

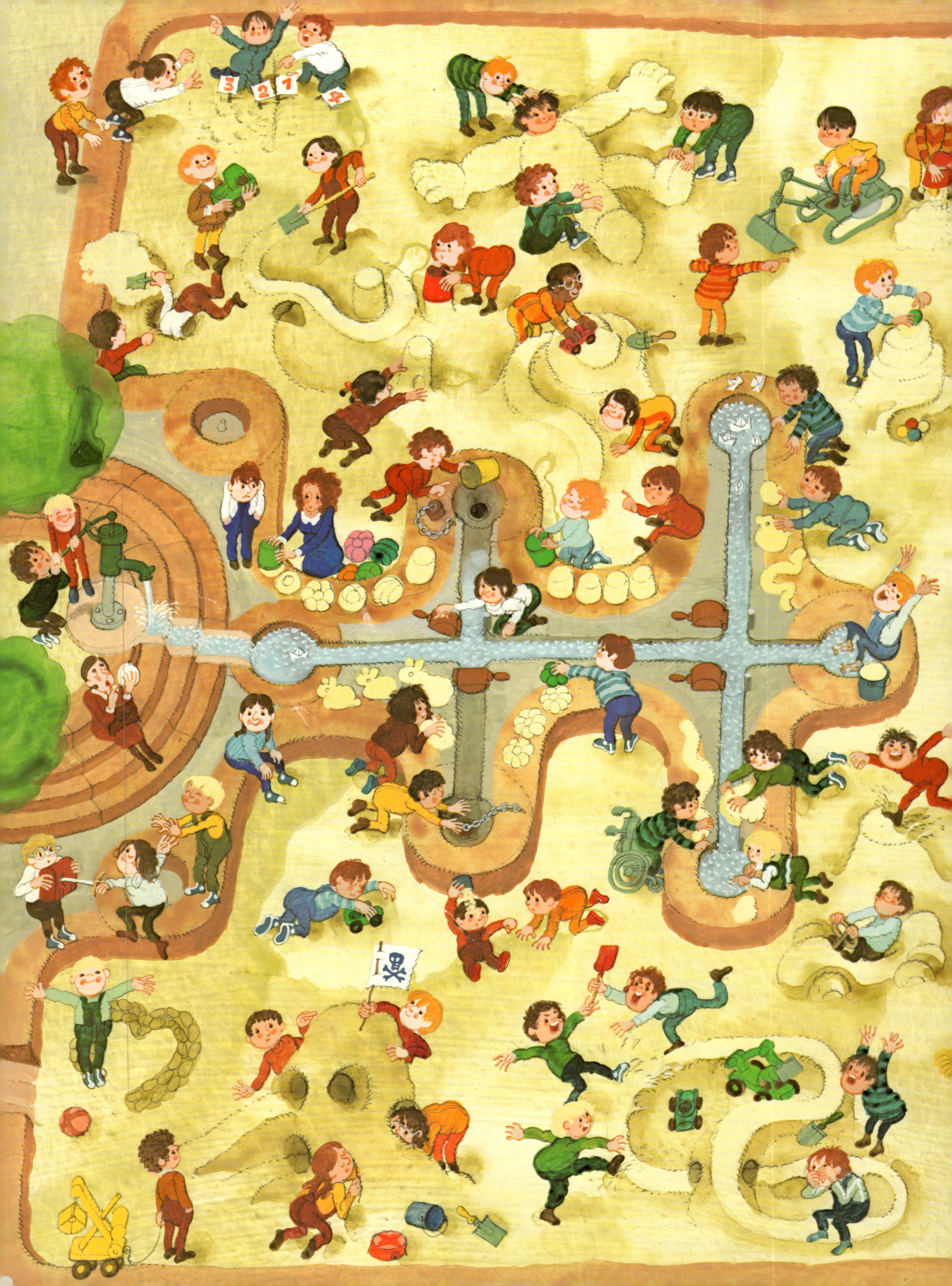
3
2
1
4

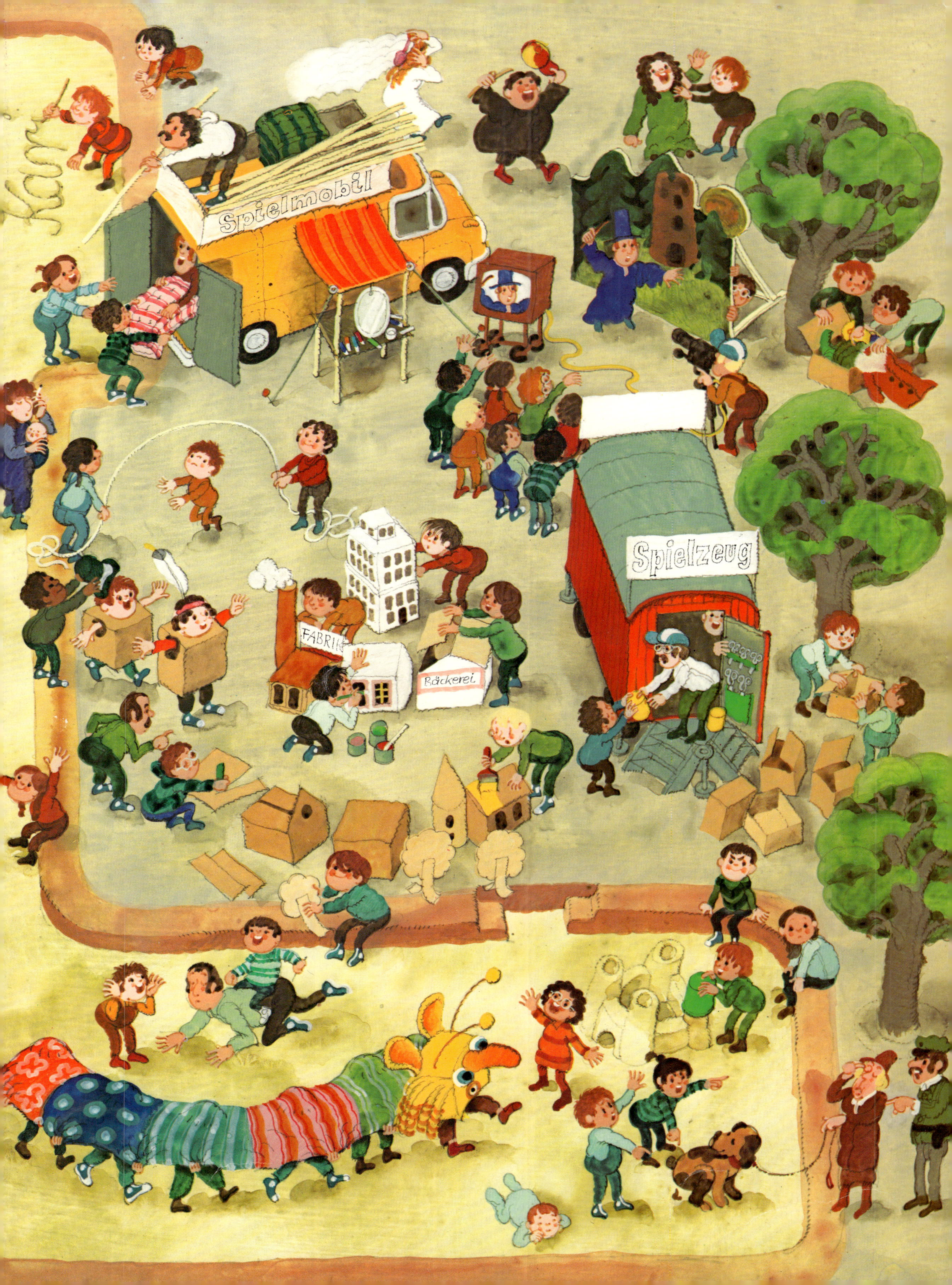
Spielmobil
Spielzeug
Bäckerei.

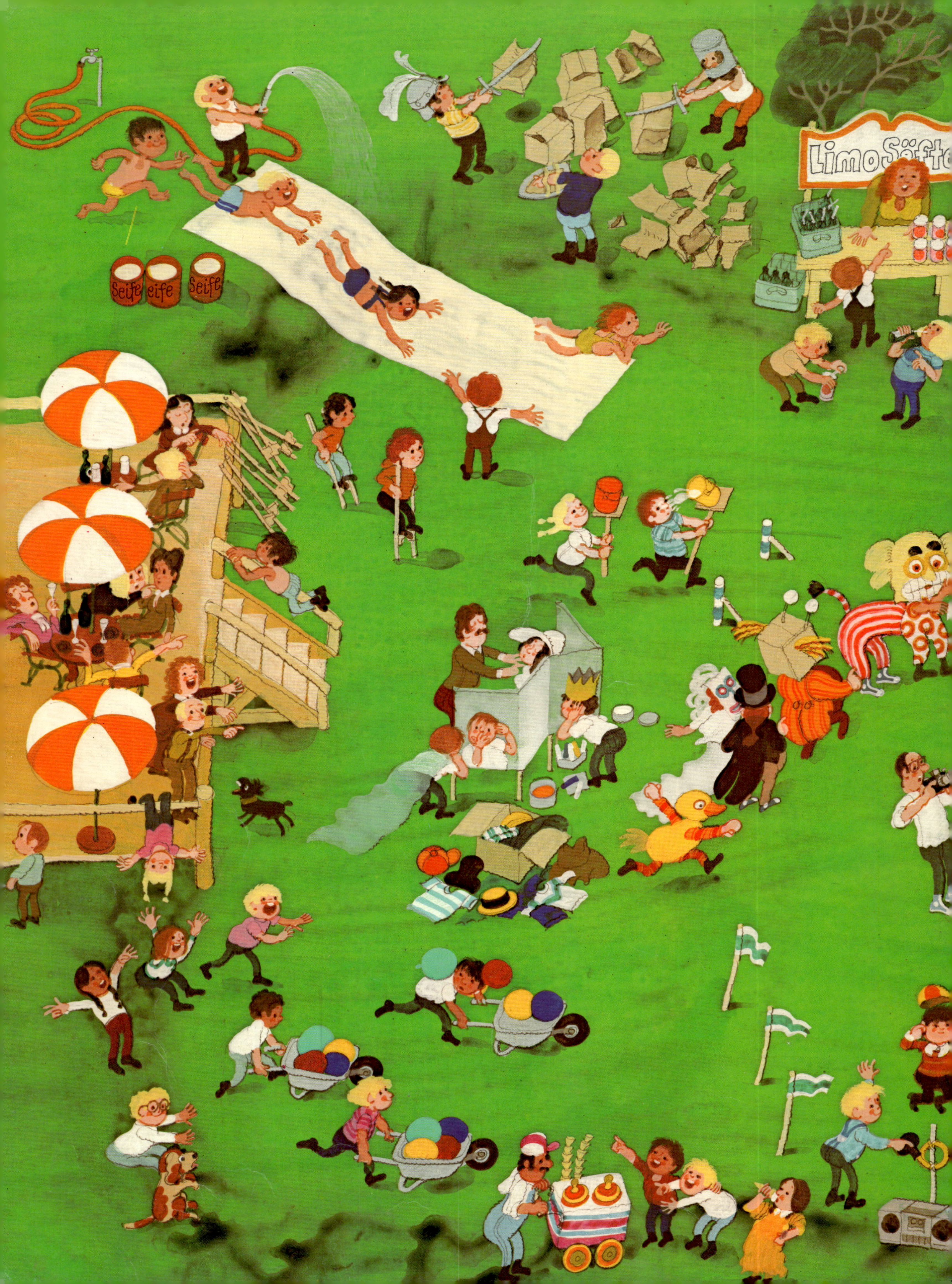
LimoSäft
Seife
eife
Seife

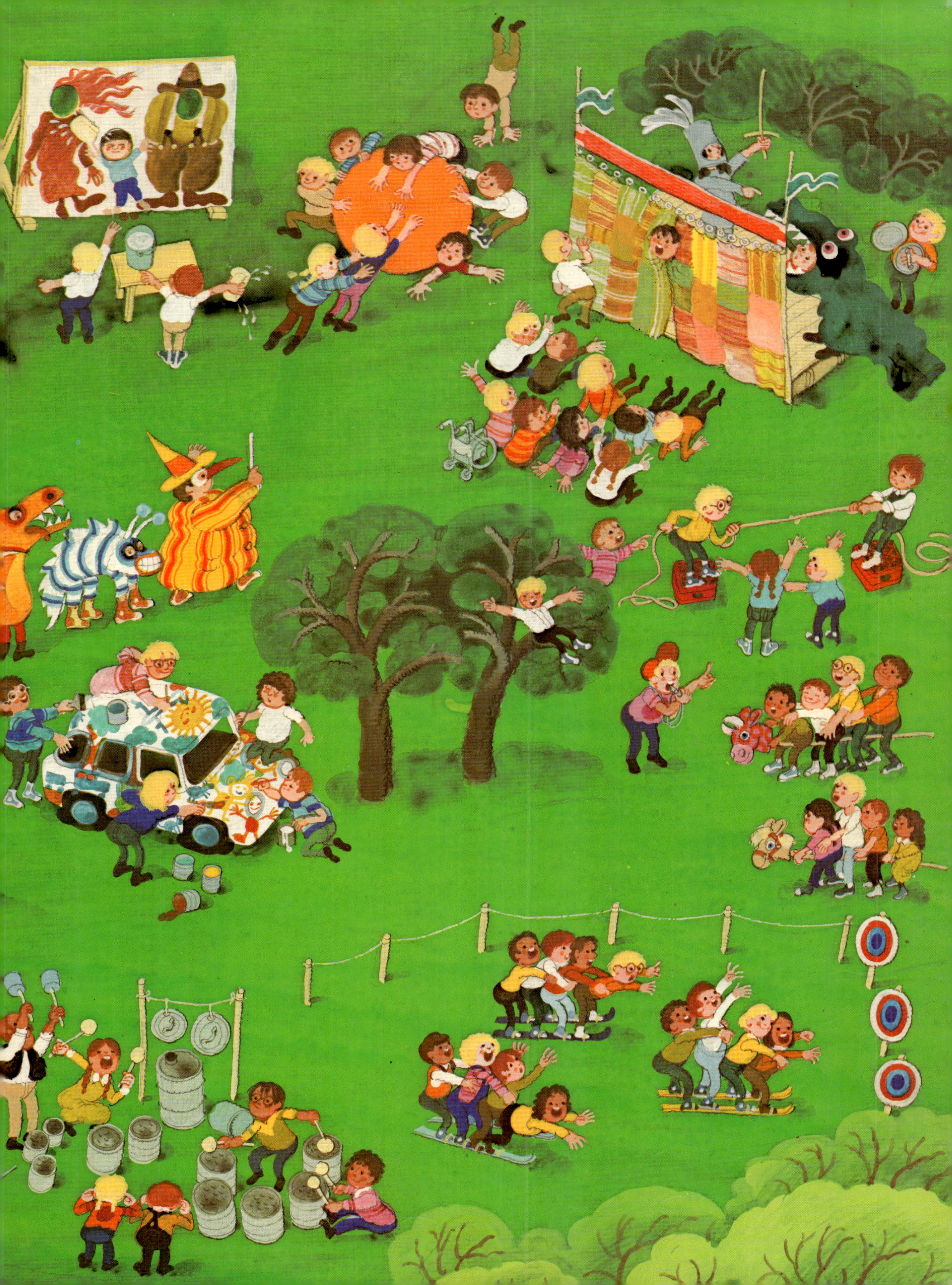

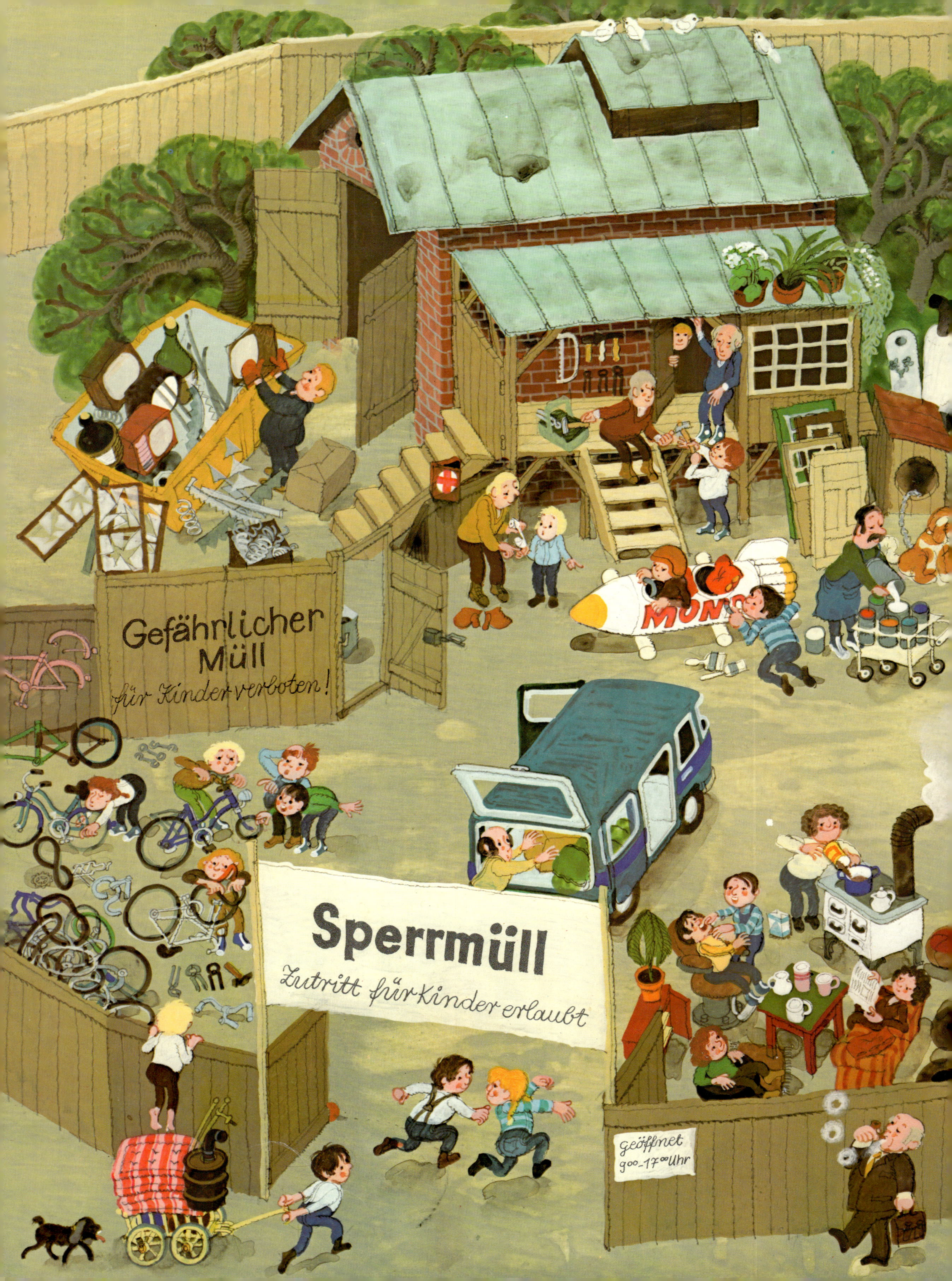
Gefährlicher
Müll
für Kinder verboten!
Sperrmüll
Zutritt für Kinder erlaubt
geöffnet
9^{00}-17^{00} Uhr

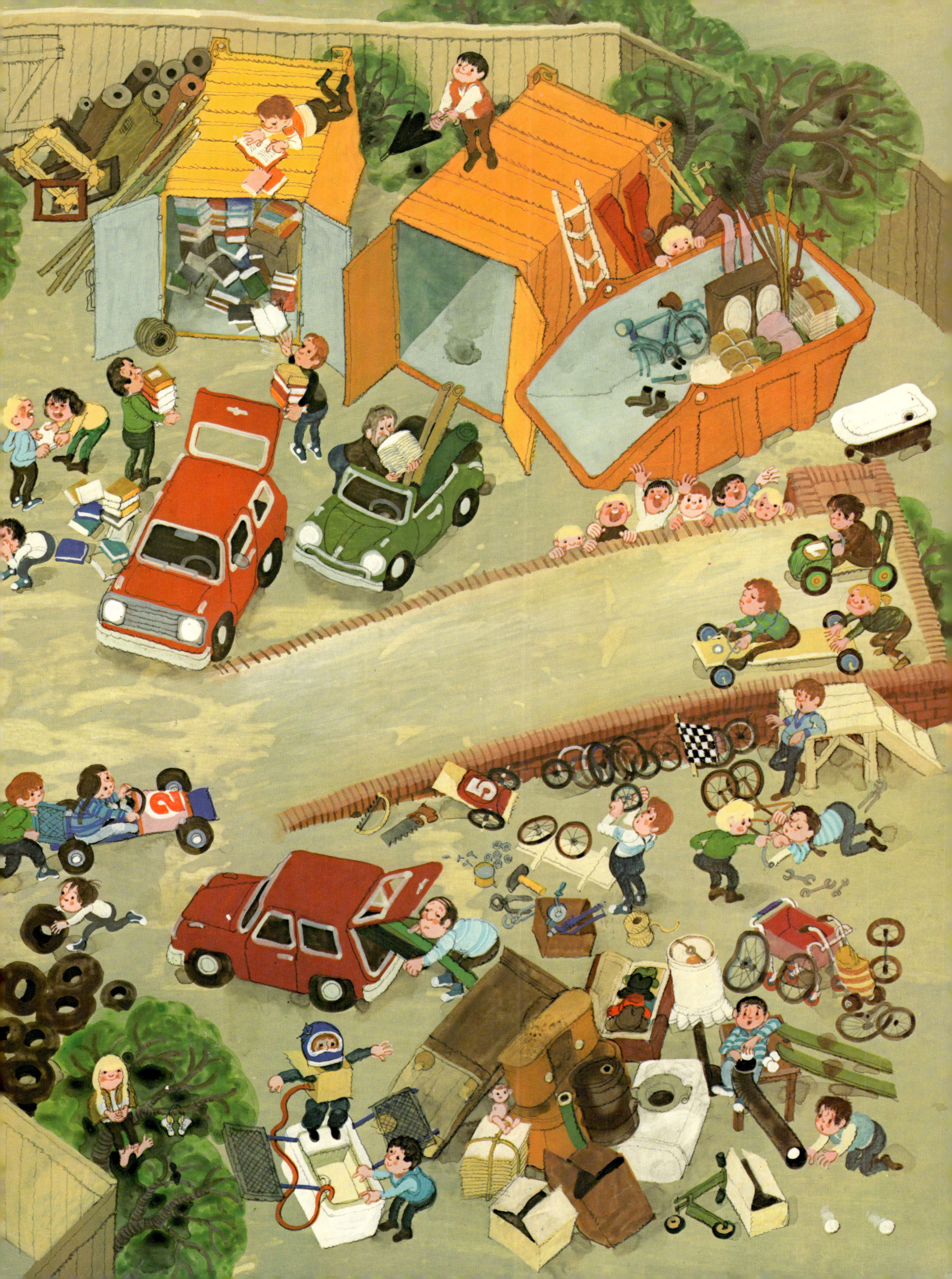
2
5

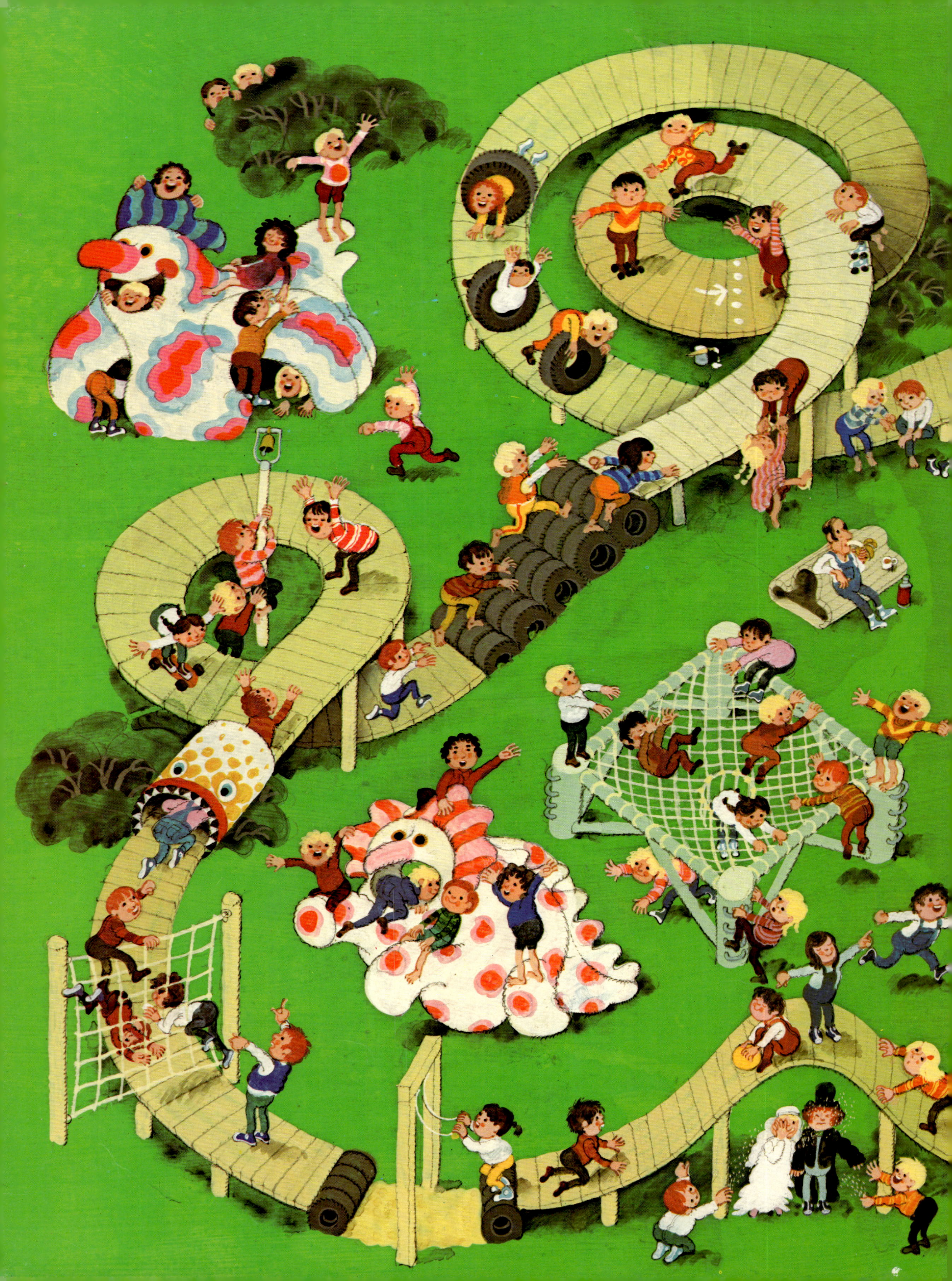

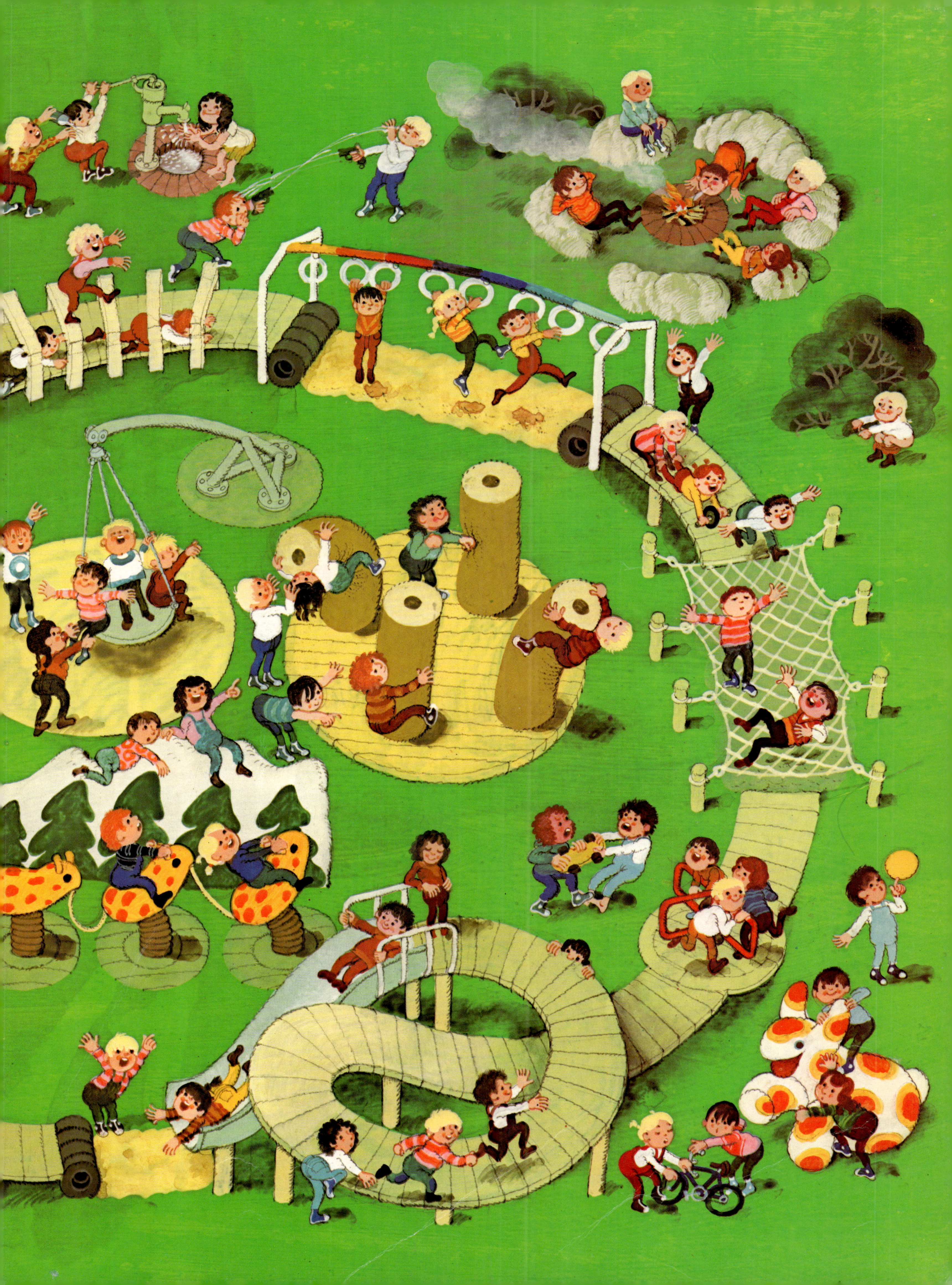

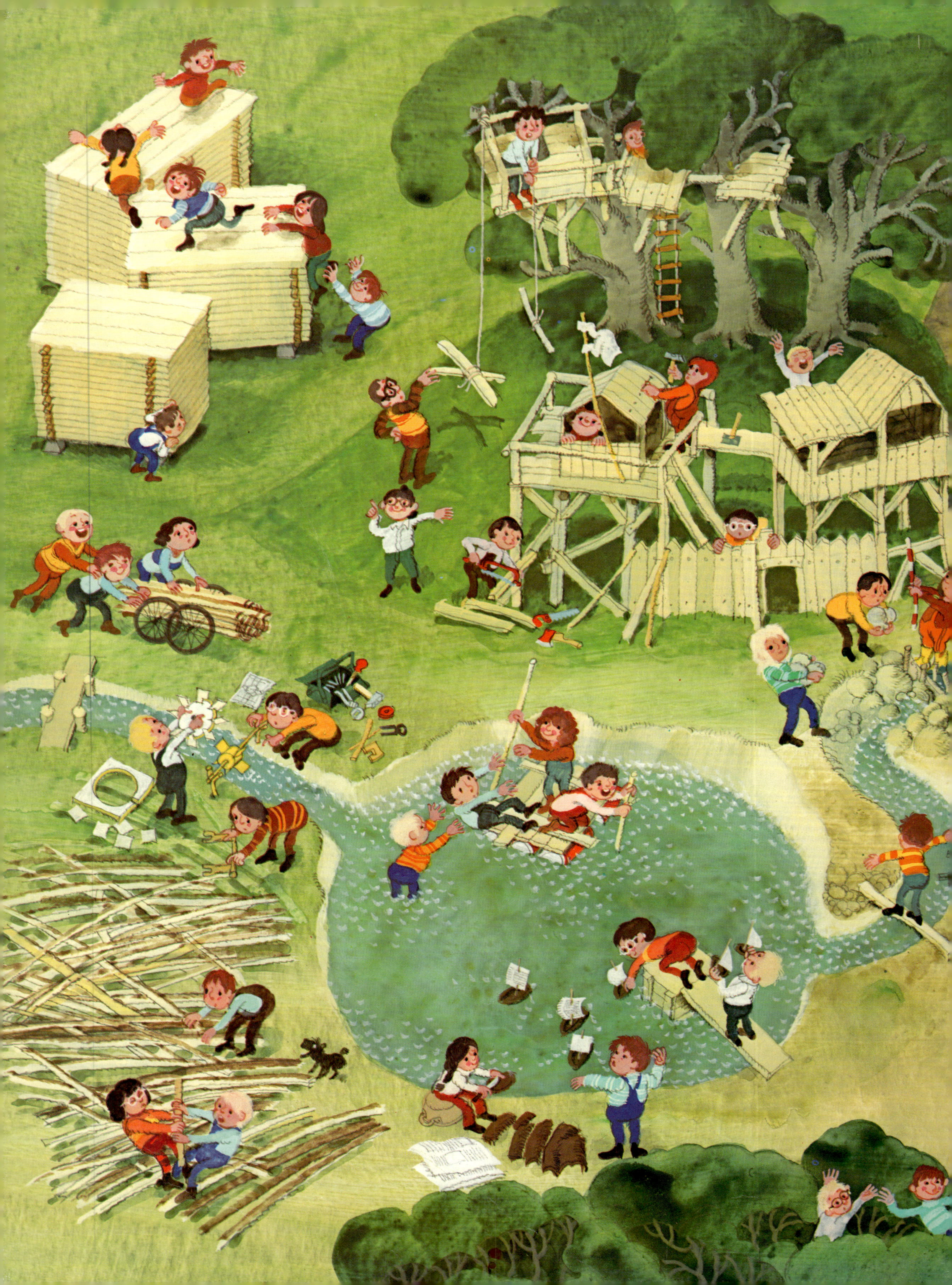

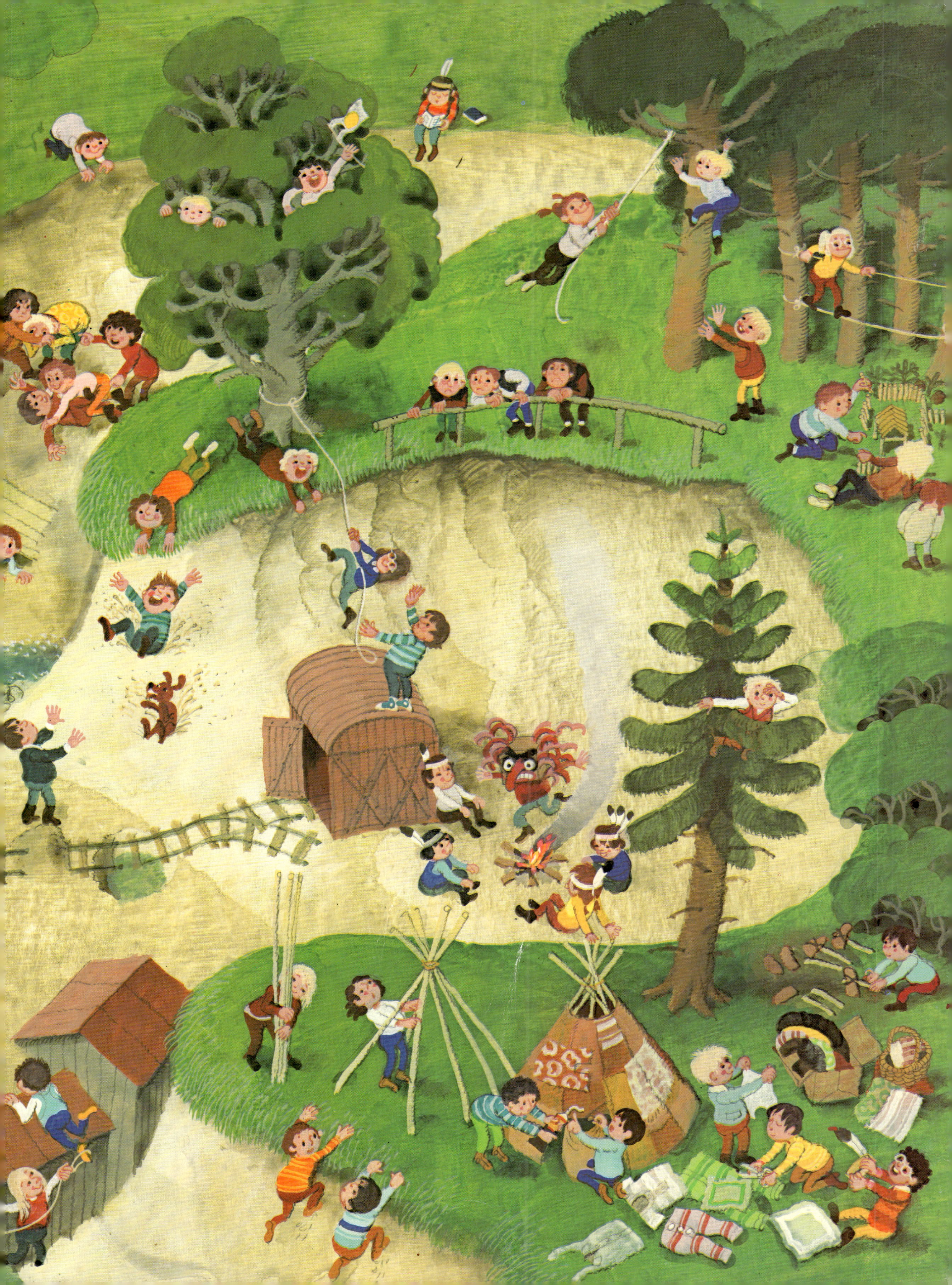

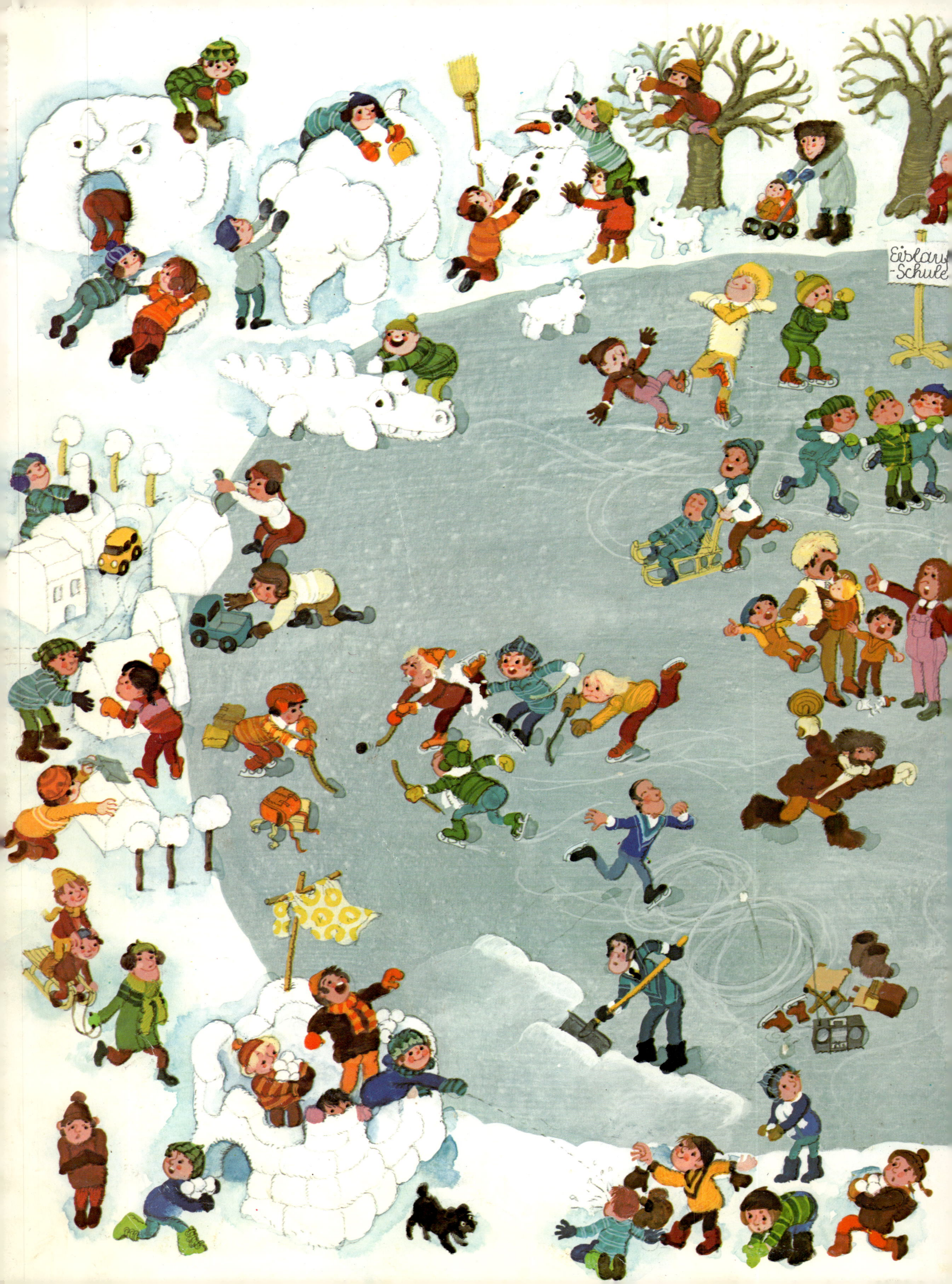

Eislau
-Schule